I0115288

LOI DU 3 MAI 1844

SUR

LA POLICE DE LA CHASSE

Modifiée par la loi du 1er Mai 1924

et

CIRCULAIRES EXPLICATIVES

TYPOGRAPHIE FIRMIN-DIDOT ET Cie

MESNIL-SUR-L'ESTRÉE (EURE)

—

1925

LOI DU 3 MAI 1844

SUR

LA POLICE DE LA CHASSE

Modifiée par la loi du 1er Mai 1924

et

CIRCULAIRES EXPLICATIVES

TYPOGRAPHIE FIRMIN-DIDOT ET Cie
MESNIL-SUR-L'ESTRÉE (EURE)
—
1925

CHASSE

Loi du 3 mai 1844 [1].

ARTICLE PREMIER. — Nul ne pourra chasser, sauf les exceptions ci-après si la chasse n'est pas ouverte, et s'il ne lui a pas été délivré un permis de chasse par l'autorité compétente.

Nul n'aura la faculté de chasser sur la propriété d'autrui sans le consentement du propriétaire ou de ses ayants droit.

ART. 2. — Le propriétaire ou possesseur peut chasser ou faire chasser en tout temps, sans permis de chasse, dans ses possessions attenant à une habitation et entourées d'une clôture continue faisant obstacle à toute communication avec les héritages voisins.

(L. 1er mai 1924.) *Et empêchant complètement le passage de l'homme et celui du gibier à poil.*

ART. 3. — (L. 1er mai 1924.) *Les Préfets détermineront, par des arrêtés publiés au moins dix jours à l'avance, les jours et heures des ouvertures et les jours des clôtures des chasses, soit à tir, soit à courre, à cor et à cris, dans chaque département.*

Ils pourront, dans le même délai, sur l'avis du Conseil Général, retarder la date de l'ouverture et avancer la date de clôture de la chasse à l'égard d'une espèce de gibier déterminée.

Ils pourront en outre, dans les mêmes conditions, retarder l'ouverture de la chasse pour toute espèce de gibier, dans tout ou partie des bois et forêts classés en vertu de l'article 4 de la loi du 26 Mars 1924 en prévision des dangers d'incendie.

ART. 4. — Dans chaque département, il est interdit de mettre en vente, de vendre, d'acheter, de transporter ou de colporter du gibier pendant le temps où la chasse n'y est pas permise.

(L. 1er mai 1924.) *Il est également interdit, en toute saison, de mettre en vente, de vendre, de transporter, de colporter ou même d'acheter sciemment le gibier tué à l'aide d'engins ou d'instruments prohibés.*

En cas d'infraction à ces dispositions, le gibier sera saisi, et immédiatement livré à l'établissement de bienfaisance le plus voisin, en vertu, soit d'une ordonnance du juge de paix, si la saisie a eu lieu au chef-lieu de canton, soit d'une autorisation du maire, si le juge de paix est absent, ou si la saisie a été faite dans une commune autre que celle du chef-lieu. Cette ordonnance ou cette autorisation sera délivrée sur la requête des agents ou gardes qui auront opéré la saisie, et sur la présentation du procès-verbal régulièrement dressé.

1. Les articles 2, 3, 4, 9, 11, 12, 14, 16 et 22 ont été modifiés et remplacés par les textes de la loi du 1er mai 1924.

La recherche du gibier ne pourra être faite à domicile que chez les aubergistes, chez les marchands de comestibles et dans les lieux ouverts au public.

(L. 1er mai 1924.) *Il est interdit, même en temps d'ouverture de la chasse, de transporter du gibier vivant sans permis de transport délivré par le Directeur Général des Eaux et Forêts ou par le Conservateur des Eaux et Forêts du lieu d'origine du gibier ou par leurs délégués.*

Il est interdit, en temps de fermeture, d'enlever les nids, de prendre ou de détruire, de colporter ou de mettre en vente, de vendre ou acheter, de transporter ou d'exporter les œufs ou les couvées de perdrix, faisans, cailles et de tous autres oiseaux, ainsi que les portées ou petits de tous animaux qui n'auront pas été déclarés nuisibles par les arrêtés préfectoraux.

Les détenteurs du droit de chasse et leurs préposés auront le droit de recueillir, pour les faire couver, les œufs mis à découvert par la fauchaison ou l'enlèvement des récoltes.

ART. 5. — Les permis de chasse seront délivrés, sur l'avis du maire et du Sous-Préfet, par le Préfet du département dans lequel celui qui en aura fait la demande aura sa résidence ou son domicile. Les permis de chasse seront personnels. (Loi du 25 juin 1920, art. 44.)   •

La délivrance des permis de chasse donnera lieu, à partir du 1er juillet 1920, au paiement d'un droit de timbre de 80 francs, sans décimes, au profit de l'Etat, et d'une somme de 20 francs au profit de la commune dont le maire aura donné l'avis énoncé par la loi du 3 mai 1844, s'il s'agit d'un permis général valable pour tout le territoire.

Pour les permis départementaux utilisables seulement dans le département où le permis aura été délivré et dans les arrondissements limitrophes, le droit de timbre sera réduit à 20 francs; la perception communale reste fixée à 20 francs.

Les permis de chasse, à quelque époque qu'ils soient délivrés, sont valables pour une année à dater du 1er juillet. Toutefois, les permis qui ont été délivrés à une date comprise entre le 1er juillet 1919 et le 13 janvier 1920 conserveront la validité de durée qu'ils avaient originairement.

Les permis délivrés postérieurement au 13 janvier 1920 ne seront utilisables comme permis général à partir du 1er juillet qu'autant que leurs titulaires auront acquitté, pour la période restant à courir, le complément des droits prévus à l'article précédent.

ART. 6. — Le Préfet pourra refuser le permis de chasse :

1° A tout individu majeur qui ne sera point personnellement inscrit ou dont le père ou la mère ne serait pas inscrit au rôle des contributions;

2° A tout individu qui, par une condamnation judiciaire, a été privé de l'un ou de plusieurs des droits énumérés dans l'article 42 du Code pénal, autre que le droit du port d'armes;

3° A tout condamné à un emprisonnement de plus de six mois pour rébellion ou violence envers les agents de l'autorité publique;

4° A tout condamné pour délit d'association illicite, de fabrication, débit, distribution de poudre, armes ou autres munitions de guerre ; de menaces écrites ou verbales avec ordre ou sous conditions ; d'entraves à la circulation des grains, de dévastation d'arbres ou de récoltes sur pied, de plants venus naturellement ou faits de mains d'homme;

5° A ceux qui auront été condamnés pour vagabondage, mendicité, vol, escroquerie ou abus de confiance.

La faculté de refuser le permis de chasse aux condamnés dont il est question dans les paragraphes 3, 4 et 5, cessera cinq ans après l'expiration de la peine.

Art. 7. — Le permis de chasse ne sera pas délivré :

1° Aux mineurs qui n'auront pas seize ans accomplis ;

2° Aux mineurs de seize à vingt et un ans, à moins que le permis ne soit demandé pour eux par leur père, mère, tuteur, ou curateur, porté au rôle des contributions ; ,

3° Aux interdits ;

4° Aux gardes champêtres ou forestiers des communes et établissements publics, ainsi qu'aux gardes forestiers de l'Etat et aux gardes-pêches.

Art. 8. — Le permis ne sera pas accordé :

1° A ceux qui, par suite de condamnations, sont privés du droit de port d'armes ;

2° A ceux qui n'auront pas exécuté les condamnations prononcées contre eux pour l'un des délits prévus par la présente loi.

3° A tout condamné placé sous la surveillance de la Haute Police.

Art. 9. — Dans le temps où la chasse est ouverte, le permis donne à celui qui l'a obtenu le droit de chasser le jour, soit à tir, soit à courre, soit à cor et à cris, suivant les distinctions établies par les arrêtés préfectoraux, sur ses propres terres et les terres d'autrui, avec le consentement de celui à qui le droit de chasse appartient.

(L. 1er mai 1924.) *Tous les autres moyens de chasse y compris l'avion et l'automobile, même comme moyens de rabat, à l'exception des furets et des bourses destinés à prendre les lapins, sont formellement prohibés.*

Néanmoins, les Préfets des départements, sur l'avis des Conseils Généraux, prendront des arrêtés pour déterminer :

1° L'époque de la chasse des oiseaux de passage, autres que la caille, la nomenclature des oiseaux et les modes et procédés de chasse pour les diverses espèces ;

2° Le temps pendant lequel il sera permis de chasser le gibier d'eau dans les marais, sur les étangs, fleuves ou rivières ;

3° Les espèces d'animaux malfaisants ou nuisibles que le propriétaire, possesseur ou fermier, pourra, en tout temps, détruire sur ses terres, et les conditions de l'exercice de ce droit, sans préjudice du droit appartenant au propriétaire ou fermier de repousser ou de détruire, même avec des armes à feu, les bêtes fauves qui porteraient dommage à ses propriétés.

Ils pourront également prendre des arrêtés :

1° Pour prévenir la destruction des oiseaux ou pour favoriser leur repeuplement ;

2° Pour autoriser l'emploi de chiens lévriers pour la destruction des animaux malfaisants ou nuisibles ;

3° Pour interdire la chasse pendant le temps de neige.

(L. 1er mai 1924.) *Ils pourront en outre autoriser individuellement les propriétaires ou leurs ayants droit à capturer, même en temps prohibé, avec des engins et dans les conditions déterminées, certaines espèces de gibier pour les conserver provisoirement et les relâcher ensuite dans un but de repeuplement.*

Art. 10. — Des ordonnances royales détermineront les gratifications qui seront accordées aux gardes et gendarmes rédacteurs des procès-verbaux ayant pour objet de constater les délits.

SECTION II. — *Des peines.*

ART. 11. — (L. 1er mai 1924.) *Seront punis d'une amende de 50 à 200 francs :*

1° Ceux qui auront chassé sans permis de chasse ;

2° Ceux qui auront chassé sur le terrain d'autrui sans le consentement du propriétaire.

L'amende pourra être portée au double, si le délit a été commis sur des terres non dépouillées de leurs fruits, ou s'il a été commis sur un terrain entouré d'une clôture continue faisant obstacle à toute communication avec les héritages voisins, mais non attenant à une habitation.

Pourra ne pas être considéré comme délit de chasse le fait du passage des chiens courants sur l'héritage d'autrui, lorsque ces chiens seront à la suite d'un gibier lancé sur la propriété de leurs maîtres, sauf l'action civile, s'il y a lieu, en cas de dommage.

3° Ceux qui auront contrevenu aux arrêtés des Préfets concernant les oiseaux de passage, le gibier d'eau, la chasse en temps de neige, l'emploi des chiens lévriers, ou aux arrêtés concernant la destruction des oiseaux et celle des animaux nuisibles ou malfaisants :

(L. 1er mai 1924.) *Ou encore aux arrêtés autorisant la reprise du gibier vivant dans un but de repeuplement.*

4° Ceux qui, en temps de fermeture, auront sans droit, enlevé des nids, pris ou détruit, colporté ou mis en vente, vendu ou acheté, transporté ou exporté les œufs ou les couvées de perdrix, faisans, cailles, et de tous oiseaux, ainsi que les portées ou petits de tous animaux qui n'auraient pas été déclarés nuisibles par les arrêtés préfectoraux.

5° Les fermiers de la chasse, soit dans les bois soumis au régime forestier, soit sur les propriétés dont la chasse est louée au profit des communes ou établissements publics, qui auront contrevenu aux clauses et conditions de leurs cahiers de charges relatives à la chasse.

6° (L. 1er mai 1924.) *Ceux qui en temps d'ouverture auront transporté sans autorisation du gibier vivant.*

ART. 12. — (L. 1er mai 1924.) *Seront punis d'une amende de 100 à 500 francs, et pourront, en outre, l'être d'un emprisonnement de six jours à deux mois :*

1° Ceux qui auront chassé en temps prohibé ;

2° Ceux qui auront chassé pendant la nuit ou à l'aide d'engins et instruments prohibés, ou par d'autres moyens que ceux qui sont autorisés par l'article 9 ;

3° Ceux qui seront détenteurs ou ceux qui seront trouvés porteurs ou munis, hors de leur domicile, de filets, engins ou autres instruments de chasse prohibés ;

4° (L. 1er mai 1924.) *Ceux qui, en temps où la chasse est prohibée, auront mis en vente, vendu, acheté, transporté ou colporté du gibier ;*

Ou ceux qui en toute saison auront mis en vente, vendu, transporté, colporté, ou même acheté sciemment du gibier tué à l'aide d'engins ou d'instruments prohibés.

5° Ceux qui auront employé des drogues ou appâts qui sont de nature à enivrer le gibier ou à le détruire ;

6° Ceux qui auront employé des appeaux, appelants ou chanterelles.

Les peines déterminées par le présent article pourront être portées au double contre ceux qui auront chassé la nuit sur le terrain d'autrui et par l'un des moyens spécifiés au paragraphe 2, si les chasseurs étaient munis d'une arme apparente ou cachée.

Les peines déterminées par l'article 11 et par le présent article seront toujours portées au maximum, lorsque les délits auront été commis par les gardes champêtres ou forestiers des communes, ainsi que par les gardes forestiers de l'État et des établissements publics.

ART. 13. — Celui qui aura chassé sur le terrain d'autrui sans son consentement, si ce terrain est attenant à une maison habitée ou servant à l'habitation, et s'il est entouré d'une clôture continue faisant obstacle à toute communication avec les héritages voisins, sera puni d'une amende de 50 à 300 francs, et pourra l'être d'un emprisonnement de six jours à trois mois.

Si le délit a été commis pendant la nuit, le délinquant sera puni d'une amende de 100 à 1.000 francs, et pourra l'être d'un emprisonnement de trois mois à deux ans, sans préjudice, dans l'un et l'autre cas, s'il y a lieu, de plus fortes peines prononcées par le Code pénal.

ART. 14. — Les peines déterminées par les trois articles précédents, pourront être portées au double si le délinquant était en état de récidive, et s'il était déguisé ou masqué, s'il a pris un faux nom, s'il a usé de violences envers les personnes, ou s'il a fait des menaces.

(L. 1er mai 1924.) *S'il a fait usage d'un avion, d'une automobile ou de tout autre véhicule pour se rendre sur le lieu du délit ou pour s'en éloigner, sans préjudice, s'il y a lieu, de plus fortes peines prononcées par la loi.*

Lorsqu'il y aura récidive, dans les cas prévus en l'article 11, la peine de l'emprisonnement de six jours à trois mois pourra être appliquée, si le délinquant n'a pas satisfait aux condamnations précédentes.

ART. 15. — Il y a récidive lorsque, dans les douze mois qui ont précédé l'infraction, le délinquant a été condamné en vertu de la présente loi.

ART. 16. — (L. 1er mai 1924.) *Tout jugement de condamnation prononcera sous telle contrainte qu'il fixera, la confiscation des filets, engins et autres instruments de chasse, ainsi que des avions, automobiles ou autres véhicules utilisés par les délinquants. Il ordonnera, en outre, s'il y a lieu la destruction des instruments de chasse prohibés.*

Il prononcera également la confiscation des armes, excepté dans le cas où le délit aura été commis par un individu muni d'un permis de chasse, dans le temps où la chasse est autorisée.

(L. 1er mai 1924.) *Si les armes, filets, engins ou autres instruments de chasse ou moyens de transport n'ont pas été saisis, le délinquant sera condamné à les représenter ou à en payer la valeur, suivant la fixation qui en sera faite par le jugement, sans qu'elle puisse être au-dessous de deux cents francs.*

(L. 1er mai 1924). *Les objets énumérés au paragraphe précédent, abandonnés par les délinquants restés inconnus, seront saisis et déposés au greffe du tribunal compétent.*

La confiscation, et, s'il y a lieu, la destruction en seront ordonnées sur le vu du procès-verbal.

Dans tous les cas, la quotité des dommages-intérêts est laissée à l'appréciation des tribunaux.

Outre l'amende prévue à l'article 11, n° 1, ceux qui auront chassé sans permis valable seront condamnés à payer une somme égale au prix du permis de chasse général.

Le recouvrement du montant de cette condamnation, non sujette aux décimes, sera poursuivi nonobstant l'application du sursis prévu par la loi du 26 mars 1891.

La portion du prix du permis que la loi attribue aux communes sera versée à la commune sur le territoire de laquelle le délit aura été constaté.

Les dispositions ci-dessus seront également applicables à ceux qui auront chassé en temps prohibé sans préjudice de l'amende prévue par l'article 12, n° 1.

ART. 17. — En cas de conviction de plusieurs délits prévus par la présente loi, par le Code pénal ordinaire ou par les lois spéciales, la peine la plus forte sera seule prononcée.

Les peines encourues pour des faits postérieurs à la déclaration du procès-verbal de contravention pourront être cumulées, s'il y a lieu, sans préjudice des peines de la récidive.

ART. 18. — En cas de condamnation pour délits prévus par la présente loi, les tribunaux pourront priver le délinquant du droit d'obtenir un permis de chasse pour un temps qui n'excédera pas cinq ans.

ART. 19. — La gratification mentionnée en l'article 16 sera prélevée sur le produit des amendes.

Le surplus des dites amendes sera attribué aux communes sur le territoire desquelles les infractions auront été commises.

ART. 20. — L'article 463 du Code pénal ne sera pas applicable aux délits prévus par la présente loi.

SECTION III. — *De la poursuite et du jugement.*

ART. 21. — Les délits prévus par la présente loi seront prouvés, soit par procès-verbaux ou rapports, soit par témoins, à défaut de rapports et procès-verbaux, ou à leur appui.

ART. 22. — (L. 1er mai 1924.) « *Le Gouvernement exerce la surveillance et la police de la chasse, dans l'intérêt général.*

« *En conséquence, il pourra commissionner des gardes particuliers appartenant aux brigades mobiles de repression du braconnage, aux associations cynégétiques ou aux fédérations de sociétés de chasse, pour exercer, sauf opposition des propriétaires en ce qui concerne leurs terrains, les fonctions de garde des Eaux et Forêts chargés spécialement de la police de la chasse dans l'étendue des arrondissements pour lesquels ils auront été assermentés.* »

Les procès-verbaux des maires et adjoints, commissaires de police, officier, maréchal des logis ou brigadier de gendarmerie, gendarmes, gardes forestiers, gardes pêche, gardes champêtre, ou gardes assermentés des particuliers, feront foi jusqu'à preuve contraire.

A l'égard des gardes forestiers cette disposition s'appliquera en quelque lieu que les infractions soient commises, dans les arrondissements des Tribunaux près lesquels ils sont assermentés.

ART. 23. — Les procès-verbaux des employés des contributions indirectes et des octrois feront également foi jusqu'à preuve contraire, lorsque, dans la limite de leurs attributions respectives, ces agents rechercheront et constateront les délits prévus par le paragraphe 1er de l'article 4.

ART. 24. — Dans les vingt-quatre heures du délit, les procès-verbaux des gardes seront, à peine de nullité, affirmés par les rédacteurs devant le juge de paix où l'un de ses suppléants, ou devant le maire ou l'adjoint, soit de la commune de leur résidence, soit de celle où le délit aura été commis.

ART. 25. — Les délinquants ne pourront être saisis ni désarmés : néanmoins, s'ils sont déguisés ou masqués, s'ils refusent de faire connaître leur nom, ou s'ils n'ont pas de domicile connu, ils seront conduits immédiatement devant le maire ou le juge de paix, lequel s'assurera de leur individualité.

ART 26. — Tous les délits prévus par la présente loi seront poursuivis d'office par le Ministère Public, sans préjudice du droit conféré aux parties lésées par l'article 182 du Code d'instruction criminelle.

Néanmoins, dans le cas de chasse sur le terrain d'autrui sans le consentement du propriétaire, la poursuite d'office ne pourra être exercée par le Ministère Public sans une plainte de la partie intéressée, qu'autant que le délit aura été commis dans un terrain clos, suivant les termes de l'article 2, et attenant à une habitation, ou sur des terres non encore dépouillées de leurs fruits.

ART. 27. — Ceux qui auront commis conjointement les délits de chasse seront condamnés solidairement aux amendes, dommages-intérêts et frais.

ART. 28. — Le père, la mère, le tuteur, les maîtres et commettants sont civilement responsables des délits de chasse commis par leurs enfants mineurs non mariés, pupilles demeurant avec eux, domestiques ou préposés, sauf tout recours de droit.

Cette responsabilité sera réglée conformément à l'article 1384 du Code civil, et ne s'appliquera qu'aux dommages-intérêts et frais, sans pouvoir toutefois donner lieu à la contrainte par corps.

ART. 29. — (L. 1er mai 1924.) *Toute action relative aux délits prévus par la présente loi sera prescrite par le laps d'un an, à compter du jour du délit.*

SECTION IV. — *Dispositions générales.*

ART. 30. — Les dispositions de la présente loi relatives à l'exercice du droit de chasse ne sont pas applicables aux propriétés de la Couronne. Ceux qui commettraient des délits de chasse dans ces propriétés seront poursuivis et punis conformément aux sections II et III.

ART. 31. — Le décret du 4 mai 1812 et la loi du 30 avril 1790 sont abrogés.

Sont et demeurent également abrogés les lois, arrêtés, décrets et ordonnances intervenus sur les matières réglées par la présente loi, en tout ce qui est contraire à ses dispositions.

Circulaire du 9 mai 1844, du Garde des Sceaux, Ministre de la Justice, aux Procureurs Généraux, concernant la mise à exécution de la loi sur la police de la chasse [1].

M. le Procureur général, l'opinion publique accusait depuis longtemps notre législation sur la chasse de faiblesse et d'insuffisance. Elle demandait contre le braconnage des moyens de répression plus sévères et plus efficaces. Le vœu qu'elle a exprimé a été entendu par le Gouvernement et les Chambres : la loi sur la police de la chasse a été rendue. Si cette loi est exécutée comme elle doit l'être, avec une sage fermeté, elle fera cesser les abus qui excitaient de si vives et de si justes réclamations. Elle sera un bienfait pour la propriété et l'agriculture qui regardent avec raison les braconniers comme l'un de leurs plus redoutables fléaux ; elle préservera le gibier de la destruction complète et prochaine dont il était menacé ; elle aura enfin un résultat moral qui doit l'agrandir et en relever l'importance aux yeux de tous les gens de bien : elle empêchera une classe nombreuse et intéressante de la société de se livrer à des habitudes d'oisiveté et de désordre qui conduisent trop souvent aux crimes. Les fonctions que vous remplissez vous mettent à même de reconnaître et d'apprécier mieux que personne les avantages incontestables de cette loi. Je viens vous prier d'en surveiller l'exécution et vous signaler celles de ses dispositions sur lesquelles votre attention me paraît devoir se fixer plus particulièrement.

La loi est divisée en quatre sections, dont la première renferme toutes les prescriptions relatives à l'exercice du droit de chasse. Cette première partie est celle qui contient les innovations les plus nombreuses et les plus importantes.

L'article premier établit en principe que nul ne pourra chasser, même sur sa propriété, si la chasse n'est pas ouverte, et s'il ne lui a pas été délivré un permis de chasse par l'autorité compétente. Il modifie l'ancienne législation, en ce qu'il exige, pour tous les procédés et moyens de chasse, le permis de l'autorité, qui n'était exigé par le décret du 4 mai 1812 que pour la chasse au fusil ; et afin de qualifier ce permis d'une manière qui en indique la portée, il lui donne le nom de permis de port d'armes de chasse, sous lequel le décret de 1812 le désignait. Pour être fidèle à la pensée de la loi, il faut entendre le mot chasse dans le sens le plus général, et l'appliquer sans distinction à la recherche, à la poursuite de tout animal sauvage ou de tout oiseau. C'est ainsi, au surplus, que ce mot a été entendu par la Cour de Cassation, même sous l'empire de la législation de 1790 et de 1812. Il en résulte que, quel que soit l'animal sauvage ou l'oiseau que l'on chasse, et s'il s'agit d'oiseaux de passage, quels que soient le moyen et le procédé de chasse dont on soit autorisé à se servir, un permis de chasse est nécessaire.

L'article 2 admet une exception au principe général posé dans l'article premier

1. Les articles 2, 3, 4, 9, 11, 12, 14, 16 et 22 ont été modifiés et complétés par les textes de la loi du 1er mai 1924 (Voir Appendice, p. 17).

il autorise le propriétaire ou possesseur à chasser ou faire chasser en tout temps dans ses possessions attenantes à une habitation et entourées d'une clôture continue faisant obstacle à toute communication avec les héritages voisins.

L'exception est beaucoup plus restreinte qu'elle ne l'était sous l'empire de la loi du 30 avril 1790. Cette dernière loi permettait au propriétaire ou possesseur de chasser en tout temps dans ses bois et dans celles de ses possessions qui étaient séparées des héritages voisins par des murs ou des haies vives, lors même qu'elles étaient éloignées d'une habitation. Dans certains départements, où presque tous les champs sont clos de haies, l'exception détruisait la règle ; d'un autre côté, on a reconnu que la chasse dans les bois à l'époque de la reproduction du gibier était aussi nuisible que la chasse en plaine. On a senti la nécessité de limiter l'exception, autant que possible ; elle n'est donc accordée que pour les possessions attenantes à une habitation, et il faudra encore que ces possessions soient entourées d'une clôture continue, formant obstacle à toutes communications avec les héritages voisins.

J'appelle votre attention sur les termes employés par l'article 2 pour désigner la clôture. Les expressions les plus fortes ont été choisies à dessein, pour bien faire comprendre qu'il ne s'agit pas ici d'une de ces clôtures incomplètes comme on en rencontre beaucoup dans les campagnes, mais d'une clôture non interrompue et tellement parfaite qu'il soit impossible de s'introduire par un moyen ordinaire dans la propriété qui en est entourée[1].

Les modes de clôture ne sont pas les mêmes dans toute la France. Ils sont très nombreux et varient à l'infini, suivant les localités. C'est pour ce motif qu'il a paru nécessaire de ne pas indiquer dans la loi un genre de clôture plutôt qu'un autre, et de se contenter d'une définition qui serve de règle aux tribunaux.

L'article 4 mérite une attention particulière, à cause des innovations graves qu'il introduit dans la législation, et des mesures efficaces qu'il prescrit pour prévenir et réprimer le braconnage.

Sous la législation antérieure, quoique la chasse fût interdite pendant une partie de l'année, le commerce du gibier était permis en tout temps : les braconniers trouvant toujours à se défaire du produit de leurs délits, exerçaient leur coupable industrie dans toutes les saisons. Le paragraphe premier de l'article 4 détruira cette industrie. Il défend la mise en vente, la vente, l'achat, le transport et le colportage du gibier, dans chaque département, pendant le temps où la chasse n'y est pas permise. Ses termes sont impératifs, absolus. Ils s'appliquent au gibier vendu, acheté ou transporté, quelle qu'en soit l'origine.

Celui qui usera du droit exceptionnel de chasser en temps prohibé sur son terrain, attenant à une habitation et entouré d'une clôture continue, n'aura pas, plus que tout autre, la faculté de vendre ou de transporter son gibier. On a pensé que lui accorder cette faculté, ç'eût été donner à d'autres le moyen d'éluder la loi, ç'eût été rendre illusoire toutes les prohibitions contenues dans l'article 4.

Il est inutile de faire observer que le gibier d'eau et les oiseaux de passage pourront être vendus et transportés pendant le temps où la chasse en sera permise par les arrêtés des Préfets, lors même que la chasse, et conséquemment la vente et le transport du gibier ordinaire, seraient interdits.

Le paragraphe 2 de l'article 4, qui prescrit de saisir le gibier mis en vente, vendu, acheté, colporté ou transporté en temps prohibé et de le livrer immé-

1. Voir Appendice. p. 17.

diatement à l'établissement de bienfaisance le plus voisin, a paru le complément nécessaire des dispositions du premier paragraphe de cet article.

La saisie ne présentera ni difficultés, ni inconvénients dans son exécution

La mise en vente, la vente, l'achat, le transport, le colportage du gibier pendant le temps où la chasse n'est pas permise, constituent toujours et nécessairement une infraction à la loi. L'excuse, même celle qui serait fondée sur la provenance légitime du gibier, ne sera jamais admissible.

Le paragraphe 3 de l'article 4 a limité les lieux où le gibier pourra être recherché, aux maisons des aubergistes, des marchands de comestibles, et aux lieux ouverts au public.

Le droit de recherche, ainsi limité, a pu être accordé sans danger aux fonctionnaires chargés de constater les infractions à l'article 4. En effet, le gibier qui sera découvert en temps prohibé, dans les lieux ouverts au public, ne pourra jamais s'y trouver que par suite d'un délit.

Le dernier paragraphe de l'article 4, en défendant de prendre ou de détruire sur le terrain d'autrui des œufs et des couvées de faisans, de perdrix et de cailles, a voulu porter remède à l'un des abus les plus nuisibles à la reproduction du gibier. Il importe que son exécution soit surveillée avec soin. Les articles 3, 5, 6, 7 et 8, règlent tout ce qui concerne l'ouverture, la clôture de la chasse et la délivrance des permis. Les Préfets qui sont chargés spécialement de les exécuter, recevront à ce sujet des instructions particulières de M. le Ministre de l'Intérieur.

L'article 9 prohibe d'une manière formelle tous les genres de chasses, à l'exception de la chasse de jour à tir et à courre, et de la chasse au lapin à l'aide de furets et de bourses. Sans faire une nomenclature qui aurait été impossible, il embrasse dans sa prohibition l'emploi des panneaux et des filets, avec lesquels on détruisait des volées entières de perdreaux, l'usage meurtrier des lacets, des collets, et; en un mot, de tous les instruments de destruction permis par l'ancienne législation, qui ne profitaient qu'aux braconniers.

Enfin, il interdit la plus dangereuse de toutes les chasses, la chasse de nuit qui a été la cause de tant de meurtres et de crimes contre les personnes.

Les dispositions prohibitives contenues dans les deux premiers paragraphes de l'article 9 ont dû recevoir quelques exceptions, sans lesquelles elles auraient été beaucoup trop rigoureuses. Aussi le même article prescrit aux Préfets de prendre des arrêtés pour déterminer : 1º l'époque de la chasse des oiseaux de passage autres que la caille, et les modes et procédés de cette chasse ; 2º le temps pendant lequel il sera permis de chasser le gibier d'eau dans les marais, sur les étangs, fleuves et rivières.

Ainsi les Préfets pourront autoriser la chasse des oiseaux de passage avec les instruments, les procédés usités dans le pays, même avec ceux dont l'usage est prohibé pour la chasse du gibier ordinaire.

La loi de 1790 donnait à tout propriétaire ou possesseur la faculté de chasser sur les lacs et étangs. La loi nouvelle ne lui permet cette chasse que pendant le temps qui sera déterminé par les Préfets. Cette différence entre les deux législations ne vous aura pas échappé.

L'article 15 de la loi de 1790 accordait aux propriétaires, possesseurs ou fermiers, le droit de repousser, même avec des armes à feu, les bêtes fauves qui se répandraient dans leurs récoltes, et celui de détruire le gibier dans leurs terres chargées de fruits en se servant de filets et engins. La loi nouvelle n'a pas voulu leur enlever un droit de légitime défense, commandé par l'intérêt de l'agriculture, et qu'il ne faut pas confondre avec l'exercice de la chasse, mais elle l'a réglé, afin d'empêcher de s'en servir comme d'un prétexte pour chasser dans toutes les saisons. Tel est l'objet de l'un des paragraphes de l'article 9.

Les trois derniers paragraphes de cet article donnent aux Préfets la faculté de prendre des arrêtés : 1º pour prévenir la destruction des oiseaux ; 2º pour autoriser l'emploi des chiens lévriers, pour la destruction des animaux malfaisants ou nuisibles ; 3º pour interdire la chasse pendant les temps de neige.

Les mesures qui ont pour effet de prévenir la destruction des oiseaux ne seront pas nécessaires dans tous les départements ; mais il en est plusieurs où elles seront réclamées dans l'intérêt de l'agriculture, afin d'arrêter la reproduction toujours croissante des insectes nuisibles aux fruits de la terre.

La loi, en prohibant l'usage des filets, a déjà fait beaucoup pour empêcher la destruction des oiseaux. Mais cette interdiction peut n'être pas toujours suffisante. Les Préfets sont autorisés à employer d'autres moyens. Ainsi, par exemple, ils pourront, s'ils le jugent nécessaire, étendre aux œufs et couvées d'oiseaux la défense que le dernier paragraphe de l'article 9 n'a prononcée qu'à l'égard des œufs et couvées de faisans, de perdrix et de cailles.

On aurait pu croire que l'emploi des chiens lévriers n'était pas compris dans les moyens de chasse prohibés. L'avant-dernier paragraphe de l'article 9 lève tout équivoque à cet égard. Il est bien entendu que l'usage des lévriers est interdit s'il n'existe pas un arrêté du Préfet qui l'autorise, et cet arrêté ne peut l'autoriser que pour la destruction des animaux malfaisants.

La chasse pendant les temps de neige, est tellement destructive, qu'il a paru utile de donner aux Préfets le pouvoir de la défendre par des arrêtés.

La seconde section de la loi détermine les peines applicables aux diverses infractions qui y sont énumérées. Ces peines sont : l'amende dans tous les cas, l'emprisonnement facultatif dans des cas spécifiés, la confiscation des instruments du délit et la privation facultative, pendant cinq ans au plus, du droit d'obtenir un permis de chasse. Une disposition formelle défend de modifier les peines par l'application de l'article 463 du Code pénal.

Tous les délits, à l'exception d'un seul qui, à raison de son importance, est l'objet d'un article spécial, sont divisés en deux grandes catégories, dont chacun renferme les faits qui, par leur nature, se rapprochent plus les uns des autres, et ont paru susceptibles d'être soumis à la même pénalité.

Les infractions passibles d'une amende de seize francs au moins et de cent francs au plus, sont rangées dans la première catégorie et forment l'article 11. Vous remarquerez que cet article ne prononce pas l'emprisonnement pour les délits qu'il prévoit. Cette peine ne leur deviendra applicable que dans le cas prévu par le dernier paragraphe de l'article 14. Il faudra que le délinquant soit en récidive et n'ait pas satisfait à une condamnation précédemment encourue.

L'article 12 comprend la seconde catégorie des infractions qui ont paru mériter une peine plus sévère que les délits de la première classe. Ces infractions sont punies d'une amende obligatoire de cinquante à deux cents francs, et d'un emprisonnement facultatif de six jours à deux mois.

Une seule disposition de cet article exige quelques explications ; c'est le paragraphe relatif à ceux qui seront détenteurs, et à ceux qui seront trouvés

munis ou porteurs, hors de leurs domiciles, de filets, engins, ou autres instruments de chasse prohibés.

La loi sur la pêche fluviale ne punit que les individus trouvés munis ou porteurs, hors de leurs domiciles, de filets et engins prohibés. La loi sur la chasse
va plus loin. Elle punit ceux qui en sont possesseurs et les détiennent dans
leurs domiciles. Il a été reconnu qu'une demi-mesure serait insuffisante ; que
les braconniers qui font usage de ces immenses filets à l'aide desquels on détruit
des compagnies entières de perdreaux, n'auraient jamais l'imprudence de se
montrer porteurs, en plein jour, de ces instruments de délits, et que, pour
atteindre sûrement le but que l'on devait se proposer, il était nécessaire de
rechercher les filets et les engins prohibés jusque dans leurs domiciles. L'exécution de la disposition dont il s'agit ne peut faire craindre d'abus. Les visites
domiciliaires, pour constater la détention des instruments de chasse prohibés
ne devront avoir lieu, comme pour les délits ordinaires, que sur la réquisition
du Ministère Public, et en vertu d'une ordonnance du juge d'instruction.

Le délit de chasse commis sur un terrain attenant à une maison habitée,
et entourée d'une clôture telle qu'elle est définie par l'article 2, sort de la classe
ordinaire des infractions de ce genre. Lorsqu'il est encore aggravé par la circons-
tance de la nuit, on doit le punir d'autant plus sévèrement qu'il annonce dans
ses auteurs une audace qui ne reculera pas devant des actes de violence et même
devant un meurtre. L'article 13, prononce à l'égard de ce délit, des peines qui
pourront être portées, suivant les circonstances, jusqu'à mille francs d'amende
et à deux ans d'emprisonnement.

L'article 16 a tracé les règles à suivre pour la confiscation des instruments
de chasse, la destruction de ceux de ces instruments qui sont prohibés, et ne
peuvent jamais servir que pour commettre des délits, et la représentation des
armes, filets et engins qui n'ont pu être saisis.

Ses dispositions sont claires et complètes. Je ne ferai sur cet article qu'une
seule observation. La peine de la confiscation qu'il prononce ne doit pas être
une peine illusoire ; pour qu'elle soit efficace, il faut que les armes et les instruments du délit qui seront déposés au greffe, par suite de la confiscation, ne
soient pas des fusils hors de service, des instruments qui n'ont pas pu être
employés à commettre le délit. Les agents chargés de verbaliser, en matière
de chasse, devront être invités à désigner aussi exactement que possible, les
armes et les autres instruments dont les délinquants auront été trouvés porteurs
et vos Substituts devront veiller à ce que les jugements qui auront ordonné
la confiscation et le dépôt au greffe des objets décrits soient strictement
exécutés.

L'examen des diverses pénalités portées dans la loi vous convaincra qu'elles
sont graduées suivant le plus ou moins d'importance des faits auxquels elles
s'appliquent. Les minimum ont été généralement fixés très bas, afin de laisser
aux tribunaux une grande latitude, et de leur permettre de n'infliger qu'une
peine légère à ceux qui commettront accidentellement des infractions sans
gravité, et que les circonstances rendront excusables. D'après les articles 10
et 19 qui se lient l'un à l'autre, et que, par ces motifs, je n'ai pas séparés dans
les observations auxquelles ils donnent lieu, les gratifications qui seront accordées aux gardes et gendarmes rédacteurs des procès-verbaux, seront déterminées par des ordonnances royales, et prélevées sur le produit des amendes.

La loi a voulu assurer le paiement de ces gratifications en attribuant aux gardes et gendarmes un prélèvement sur le produit des amendes qui auront été prononcées par suite de leurs procès-verbaux.

Des mesures seront prises pour que la loi reçoive sur ce point une prompte exécution. Une ordonnance. préparée par les soins de M. le Ministre des Finances règlera la quotité des gratifications et les moyens d'en effectuer le paiement dans le plus bref délai possible.

La troisième section de la loi, relative à la poursuite et au jugement, renferme deux articles que je recommande spécialement à votre attention.

L'article 23 porte que les procès-verbaux des employés des contributions indirectes et des octrois feront foi, jusqu'à la preuve contraire, lorsque, dans la limite de leurs attributions respectives, ces agents rechercheront et constateront les délits prévus par le paragraphe premier de l'article 4, c'est-à-dire la mise en vente, l'achat, le colportage et le transport du gibier en temps prohibé. Les motifs de cette disposition sont évidents. Les infractions dont il s'agit ici ne pourront presque jamais être constatées par les gardes et les gendarmes, appelés par la nature de leurs fonctions à rechercher plutôt les délits de chasse proprement dits qui se commettent au milieu des champs ; mais les préposés des octrois, placés à l'entrée des villes pour surveiller les objets qu'on veut y introduire ; les employés des contributions indirectes, obligés par état, de visiter les auberges et les lieux ouverts au public, pourront, tout en remplissant leur mission, constater sans peine le transport et la vente illicite du gibier. Leur concours était nécessaire à l'exécution d'une partie importante de la loi. Telle est la cause du nouveau pouvoir qui leur a été conféré.

Une remarque essentielle à faire sur l'article 23, c'est que, d'après ses termes, les fonctionnaires qu'il désigne ne pourront verbaliser valablement qu'autant qu'ils agiront dans les limites de leurs attributions ordinaires.

Ainsi, les employés des contributions indirectes, ne pouvant faire de visite chez les aubergistes qui se sont rachetés de l'exercice par un abonnement, n'auront pas le droit de s'y transporter pour y rechercher du gibier en temps prohibé.

L'article 26 contient une dérogation à l'ancienne législation, d'après laquelle les faits de chasse sur le terrain d'autrui ne pouvaient pas être poursuivis d'office par le Ministère Public sans une plainte formelle du propriétaire. A l'avenir, ils pourront l'être dans deux cas : lorsque le délit aura été commis dans un terrain clos, suivant les termes de l'article 2, et attenant à une maison d'habitation ou sur des terres non encore dépouillées de leurs fruits. Les faits de chasse sur le terrain d'autrui ne constituent un délit qu'autant qu'ils ont eu lieu sans le consentement du propriétaire ou de ses ayants-droit. Les Procureurs du Roi ne devront donc user de la nouvelle faculté qui leur est accordée qu'avec une sage réserve.

La quatrième et dernière section, intitulée Dispositions générales, donne lieu à une observation. L'article 30, en déclarant les dispositions de la loi sur l'exercice du droit de chasse non applicables aux propriétés de la Couronne, ordonne que les délits commis sur ces propriétés seront poursuivis et punis conformément aux sections 2 et 3. Avant la loi, il fallait recourir à l'ordonnance de 1669 pour réprimer les délits de chasse commis dans les forêts de la Couronne. Ces délits seront désormais soumis aux règles du droit commun. L'ordonnance de 1669 est abrogée.

Je termine ici les observations que j'avais à vous adresser sur quelques-unes des difficultés que l'interprétation de la nouvelle loi pourra présenter. La pratique fera sans doute naître beaucoup d'autres questions que je n'ai pas examinées. Je suis certain d'avance que, grâce à vos instructions et à la sagesse des tribunaux, ces questions recevront une solution conforme au vœu du législateur.

L'efficacité de la loi dépend surtout de la manière dont elle sera exécutée par les fonctionnaires chargés de constater les délits. Le nombre de ces fonctionnaires est augmenté. Les gendarmes et les gardes seront secondés par de nouveaux et utiles auxiliaires. Si tous ces agents de l'autorité font leur devoir, le but sera atteint.

Le zèle de vos Substituts n'a pas besoin d'être stimulé. Je suis convaincu qu'ils ne négligeront rien pour assurer, en ce qui les concerne, la bonne exécution de la loi, et qu'ils donneront aux fonctionnaires placés sous leurs ordres, qui doivent y concourir avec eux, une impulsion ferme et énergique.

Je vous prie de m'accuser réception de la présente circulaire dont je vous envoie des exemplaires en nombre suffisant pour que vous puissiez en adresser un à chacun de ces magistrats.

Recevez, etc...

Circulaire du 5 août 1924, du Directeur général des Eaux et Forêts à MM. les Conservateurs, concernant la mise à exécution des modifications à la loi sur la police de la chasse (1ᵉʳ mai 1924) [1].

Le Directeur général des Eaux et Forêts,
à MM. les Conservateurs des Eaux et Forêts.

D'importantes modifications ont été apportées à la loi du 3 mai 1844 sur la police de la chasse par la loi du 1ᵉʳ mai 1924 (publiée au *Journal officiel* du 3 mai) et, dans une moindre mesure, par celle du 26 mars 1924 relative aux incendies des forêts (insérée au *Journal officiel* du 27 mars).

Les articles contenant des dispositions susceptibles de donner lieu à remarques ou à interprétations font l'objet du commentaire suivant :

COMMENTAIRE

ART. 2. — Les haies, n'empêchant pas le passage du gibier à poil, ne constituent plus une clôture, aux termes du nouvel article 2. La destruction, sans permis et en temps de fermeture de la chasse, des animaux nuisibles aux abords des fermes entourées seulement de haies n'est donc plus licite, à moins qu'elle ne soit expressément autorisée par le Préfet. Il conviendra d'appeler l'attention de MM. les Préfets sur ce point, afin qu'ils stipulent, dans leurs arrêtés, le droit pour les propriétaires, possesseurs et fermiers de détruire, en tout temps, les animaux nuisibles dans un rayon à déterminer autour des fermes. (Il n'est rien innové en ce qui concerne le droit de repousser les bêtes fauves.)

ART. 3. — En ce qui concerne l'ouverture de la chasse pour toute espèce de gibier dans tout ou partie des bois et forêts, en prévision des dangers d'incendie, il y a lieu de remarquer que cette mesure n'est applicable que dans les bois et forêts *classées*. Les Préfets auront toujours la possibilité d'interdire en cas de nécessité, la chasse dans des bois non classés, au titre de la sûreté et de la sécurité publiques, en vertu des pouvoirs de police générale qu'ils détiennent.

(Consulter sur ce point le rapport résumant les travaux de la Commission technique temporaire des incendies de forêts, pages 23 et 24.)

ART. 4. — Les juges du fait apprécieront souverainement si l'acte prohibé aura, ou non, été commis sciemment. Les gardes rédacteurs devront, en conséquence, insérer dans leurs procès-verbaux tous renseignements susceptibles de permettre aux tribunaux d'établir leur conviction sur ce point.

On devra recommander en outre, à ces agents de constater les délits de mise en vente du gibier capturé à l'aide de collet ou de lacet, exception faite

1. Cette circulaire a reçu l'adhésion de M. le Garde des Sceaux, Ministre de la Justice, par lettre du 26 août 1924 (Direction des Affaires criminelles et des grâces, 1ᵉʳ bureau, n° 7 B. L. 511).

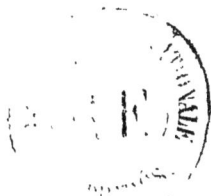

toutefois du gibier d'importation *congelé*, notamment des lapins d'Australie.

La délivrance d'un permis pour le transport du gibier vivant, même en temps d'ouverture, a été prescrite par la loi dans le double but de réduire, d'une part, le braconnage, qui se faisait aux dépens des chasses giboyeuses pour la capture et la vente du gibier de repeuplement, et de permettre de surveiller, d'autre part, les introductions de lapins de garenne, afin de ne les autoriser que dans les propriétés, d'où le lapin ne puisse menacer les cultures. En principe, cette introduction n'est permise que dans les propriétés closes et par exception dans les chasses ouvertes situées dans des régions dépourvues de cultures. Dans les cas douteux, vous aurez à m'en référer.

Vous voudrez bien consigner les permis de transport sur un carnet *ad hoc* contenant notamment l'indication des noms et domiciles de l'expéditeur et du destinataire, de la nature et de la quantité du gibier transporté.

Quant à la délégation, dont il est fait mention dans la loi, je ne puis que vous recommander de ne recourir à ce moyen que dans le cas où le grand nombre de permis à délivrer occasionnerait pour les bureaux un surcroît de travail trop considérable.

ART. 9. — Le dernier alinéa de l'article 9 tranche définitivement la question longtemps controversée de savoir si les Préfets pouvaient ou non, autoriser la reprise des faisans à la mue. Il est à remarquer que l'avis du Conseil général n'est pas nécessaire pour permettre de réglementer la matière.

ART. 11. — On peut se demander si la défense de transporter, sans autorisation, du gibier vivant s'applique au transport, en cage, des oiseaux utilisés comme appelants. Ces oiseaux constituent des accessoires de la chasse au poste ; il en résulte logiquement que, dans les départements, où la chasse au poste, pour certaines espèces d'oiseaux de passage, est autorisée par les arrêtés préfectoraux, le transport des appelants en cage doit être permis *ipso facto*. Afin de dissiper tout doute à cet égard, il conviendra, dans les départements dont il s'agit, d'appeler l'attention de MM. les Préfets sur la nécessité d'insérer dans leurs arrêtés, une autorisation expresse et générale pour le transport des appelants en cage, par les chasseurs munis de permis de chasse et pendant la période où la chasse au poste est licite.

ART. 16. — Il est à remarquer que le minimum de la contrainte en argent fixée par la loi à 200 francs devra entrer en ligne de compte dans le calcul du montant de la transaction avant jugement, au point de vue de la détermination de l'autorité compétente pour transiger.

Le dernier alinéa de l'article 16 supprime toute discussion sur le point de savoir si la restitution du prix de permis de chasse est ou non obligatoire dans le cas de délit de chasse sans permis en temps prohibé. Désormais, cette condamnation pécuniaire supplémentaire sera applicable dans tous les cas.

ART. 22. — Les attributions des gardes particuliers des brigades mobiles des associations cynégétiques ou des fédérations de sociétés de chasse, commissionnés comme gardes des Eaux et Forêts, se trouvent limitées par les mots inscrits dans la loi « sauf opposition des propriétaires ». Il en résulte que ces gardes ne pourront constater les délits de chasse sur autrui, sans la permission du détenteur du droit de chasse, qu'autant qu'ils auront été autorisés par ces derniers à réprimer les délits de cette nature.

J. CARRIER.

www.ingramcontent.com/pod-product-compliance
Lightning Source LLC
Chambersburg PA
CBHW060718280326
41933CB00012B/2476